우리는 누구에게 절박한 무엇이 될까

이승훈 다이어리 시집

이승훈(본명: 이재욱)

- 순천 생 · 경남대학교에서 법학 전공
- 수필가·시인 · 한국문인협회 회원
- 부정기 간행『테마수필』발행인
- 계간『출판과 문학』발행인
- 해드림출판사·도서출판 수필in 대표

저서
산문집 :『어머니, 당신이 있어 살았습니다』(2022)
실용서 :『자비출판』(2018)
실용서 :『국어사전에 숨은 예쁜 낱말』(2017)
산문집 :『외삼촌의 편지』(2016)
수필집 :『가족별곡』(2010)

우리는 누구에게 절박한 무엇이 된다

초판 1쇄 인쇄 | 2022년 11월 21일
지은이 | 이승훈
펴낸이 | 이재욱(필명:이승훈)
펴낸곳 | 해드림출판사
주　소 | 서울 영등포구 경인로82길 3-4(문래동1가 39)
　　　　센터플러스빌딩 1004호(우편07371)
전 화 | 02-2612-5552
팩 스 | 02-2688-5568
E-mail | jlee5059@hanmail.net

등록번호　제2013-000076
등록일자　2008년 9월 29일

ISBN　979-11-5634-527-5

주요계획

년

년

Yearly Checklist

	1 January	2 February	3 March
1			
2			
3			
4			
5			
6			
7			
8			
9			
10			
11			
12			
13			
14			
15			
16			
17			
18			
19			
20			
21			
22			
23			
24			
25			
26			
27			
28			
29			
30			
31			

	4 April	5 May	6 June
1			
2			
3			
4			
5			
6			
7			
8			
9			
10			
11			
12			
13			
14			
15			
16			
17			
18			
19			
20			
21			
22			
23			
24			
25			
26			
27			
28			
29			
30			
31			

Yearly Checklist

	7 July	8 August	9 September
1			
2			
3			
4			
5			
6			
7			
8			
9			
10			
11			
12			
13			
14			
15			
16			
17			
18			
19			
20			
21			
22			
23			
24			
25			
26			
27			
28			
29			
30			
31			

	10 October	11 November	12 December

Yearly Checklist

	1 January	2 February	3 March
1			
2			
3			
4			
5			
6			
7			
8			
9			
10			
11			
12			
13			
14			
15			
16			
17			
18			
19			
20			
21			
22			
23			
24			
25			
26			
27			
28			
29			
30			
31			

	4 April	5 May	6 June
1			
2			
3			
4			
5			
6			
7			
8			
9			
10			
11			
12			
13			
14			
15			
16			
17			
18			
19			
20			
21			
22			
23			
24			
25			
26			
27			
28			
29			
30			
31			

Yearly Checklist

	7 July	8 August	9 September
1			
2			
3			
4			
5			
6			
7			
8			
9			
10			
11			
12			
13			
14			
15			
16			
17			
18			
19			
20			
21			
22			
23			
24			
25			
26			
27			
28			
29			
30			
31			

10 October	11 November	12 December

펴내는 글

속절없이 즐긴 가난의 흔적들

　가난은 세상 살아가는 데 몹시 불편할 뿐만 아니라, 자존심을 속절없이 짓밟히기도 한다. 그럼에도, 꿈을 방패 삼아 버르적거리다 보면 살아내려는 내공이 쌓이기 마련이다. 또한, 일정한 긴장감으로 오히려 자신을 팔딱팔딱 살아 있게도 한다. 부자보다 가난한 사람이 더 오래 산다고 믿는 이유다.

　가난과 행복, 가난과 삶의 가치는 분명히 다르다. 1억만 있어도 인생이 바뀐다면, 작은 비용으로도 삶의 상향 변곡점을 맞이할 만큼 세상을 잘 살았거나, 겨우 1억짜리 인생이거나 자신의 선택일 뿐이다.

　어느 날 내 삶이 풍요로워지면 나는 더 빨리 늙으면서 삶이 밋밋해질지도 모른다. 나는 이 시들을 쓰면서 가난을 충분히 즐겼다는 생각이다. 죽음을 떠올릴 만큼 힘들어하면서도 가난의 미학을 그려내려 애썼기 때문이다.

막상 시집을 출간하려니 내 시집들이 버려지면 어쩌나 염려가 되었다. 한 권이라도 덜 버려지기를 궁리하다가 '다이어리 시집'을 떠올렸다. 내 책상 책꽂이에는 해가 지난 다이어리들이 몇 권 있다. 나는 평소 메모를 자주하는 터라, 두서너 해 지난 그것이지만 여백이 그대로 있어 버리지 못한다. 물론 그간 쓴 메모 노트들도 모아 두었다. 소중한 나의 자취소리가 들어있기 때문이다. 훗날 이 노트들은 지난 시간을 회억하며 새로운 글로 탄생할 것이다.

사람마다 다르겠으나 책은 버려도 빈 노트는 쉽게 버리지 못한다는 생각으로 다이어리 시집을 시도해 보았다. 새벽 시간 종종 붓을 들 때마다 느끼지만, 육필로 끄적끄적 여백을 채우다 보면 내면에서 쌓이는 또 나른 게 있다.

올해 90세인 어머니는 오랜 세월 틈틈이 사경(寫經)을 한다. 90세가 되어도 여전히 총명하신 데는 이 사경 덕분이 아닌가 한다. 이 시집의 여백은 가슴을 죽이지 말라는 뜻이기도 하다.

끝으로 힘들 때마다 무적(霧笛)을 울려준 성모님과 어머니, 언제나 버팀목이 되어준 아우 용욱에게 이 시집을 바친다.

2022년 10월 마지막 날, 마지막 교정을 보면서.
이승훈

목차

펴내는 글 속절없이 즐긴 가난의 흔적들 · 4

1. 그런 날 있습니다

가시 · 20
만복슈퍼 · 21
그런 날 있습니다 1 · 23
에메랄드빛 바람이 부는 그곳에 가고 싶다 · 25
긍정의 힘을 믿습니다 · 28
아내가 바람을 피웁니다 · 31
당신이 있어 살았습니다 · 33
꿈인세 · 35
우리에게는 하찮은 것이 1 · 38
고향 예찬 · 40
고향 아침 · 52
해바라기 · 53
바람은 불었습니다 · 54
출판 인생 1 · 56
출판 인생 2 · 58
출판 인생 3 · 59
출판 인생 4 · 60
출판 인생 5 · 62
출판 인생 6 - 책 · 64
출판 인생 7 · 66

2. 우리에게는 하찮은 것이

그 뜻 · 80
눈물 나는 한 편의 시 · 81
어머니의 집 · 83
그런 날 있습니다 2 · 86
재스민 · 89
아내를 찾습니다 · 92
생일 · 94
울음 울기 좋은 곳 · 96
어머니의 자비 · 98
뒤늦게 알았습니다 · 100
불륜을 생각하며 · 112
우리에게는 하찮은 것이 2 · 114
들판의 나무처럼 살게 하소서 · 117
노모가 밥을 마는 이유 · 119
스파티필름의 비밀 · 120
고백 · 122
아들 · 123
바람의 기도 · 124
궁금한 시간 · 125
무엇 하나 있었으면 · 126

3. 살아야 하는 이유

살아야 하는 이유 1 · 139
살아야 하는 이유 2 · 140
살아야 하는 이유 3 · 141
살아야 하는 이유 4 · 142
살아야 하는 이유 5 · 143
살아야 하는 이유 6 · 144
살아야 하는 이유 7 · 145
살아야 하는 이유 8 · 146
살아야 하는 이유 9 · 147
살아야 하는 이유 10 · 148
청춘 · 159
기쁜 삶 · 160
세상에서 가장 든든한 말 · 161
성모님 사랑 · 162
겨울을 싫어하다 · 163
묵상 1 · 164
묵상 2 · 165
묵상 3 · 166
묵상 4 · 167
묵상 5 · 168

4. 그곳을 걸었다

가을 기도 · 181
그곳을 걸었다 · 182
여섯 시 반 · 184
우리 · 186
외면 · 188
겨울 꿈 · 189
자살교사 · 190
지느러미 없는 물고기 · 191
거시기 · 192
판다는 것은 · 194
로렌츠의 도토리 · 205
수컷 · 206
아내의 기도 · 207
문래동은 오동나무를 닮았다 · 208
꽃에게 바치는 기도 · 210
무적(霧笛) · 212
다시 시작처럼 -가수 단야 노래 가사 · 214
내게 이러지 마요 -가수 단야 노래 가사 · 216

1.
그런 날 있습니다

가시

아내가 묵은지 넣어 고등어를 조렸습니다
작은 가시가
꽃잎 같은 목구멍에 박힙니다
눈물이 찔끔거립니다
손가락이 닿을락 말락 한 곳에서
연신 따끔대는 가시는
쌈을 삼켜 봐도 꿈쩍하지 않습니다
솜털 같은 가시가 사람을 잡습니다

아내가 물에 십자가를 그어 건넵니다
내가 뱉은 말들이 목구멍에 박혀
이따금 밥숟갈을 놓았을 그녀를 보니
쓸쓸히 퍼진 목주름이
내가 박은 가시만 같습니다.

만복슈퍼

핸드폰에는
메시지 세 개가 들어있었다

첫 번째 메시지를 열었다
33,400원 만복슈퍼 일시불 승인 거절
두 번째 메시지를 열었다
23,200원 만복슈퍼 일시불 승인 거절
세 번째 메시지를 열었다
14,300원 만복슈퍼 일시불 승인거절

아내는 슈퍼에서 물건을 샀다
첫 번째 승인거절이 나자 샴푸를 뺐다
두 번째 승인거절에서 세재를 뺐다
세 번째 승인거절에는 휴지를 뺐다
주인 사내 앞에서
시든 이파리처럼 초라하였을
마지막 남긴 간고등어 한손

마저 내려놓고 슈퍼를 나왔다

잠든 아내를 내려다보았다
10년이 흐른 지금도
아내의 얼굴이 붉다.

그런 날 있습니다 1

살다 보면 그런 날 있습니다
3년 동안 끊었던 술을 한 잔 하고 싶은 날
피 말리며 끊었던 담배 한 대 피우고 싶은 날
손 떨리며 술잔을 들고
몇 번이나 손 떨리며 라이터를 켜는
살다 보면 그런 날 있습니다

누군가를 향해 미구 퍼붓고 싶은 날
하느님께 한없이 서운한 날
그러나 조용히 돌아서서 기도하고 싶은 날
내 속내는 전혀 헤아리지 못한 채
사랑 타령이나 하는 아내가 참 철없다 싶은
살다 보면 그런 날 있습니다

이웃들이 전혀 낯선 사람처럼 느껴지는
그래서 사는 것이 몹시 쓸쓸하게 느껴지는 날
어떤 위로의 말도 이명처럼 들려

울음 울기 좋은 어디 찾아 나서고 싶은 날
지난가을 편지에 문득 답장하고 싶은
살다 보면 그런 날 있습니다

사글세가 밀려 건물 주인에게 각서를 썼으면서도
시 한 쪼가리 써놓고 위안을 받는
살다 보면 그런 날 있습니다.

에메랄드빛 바람이 부는 그곳에 가고 싶다

태양이 아침부터 유리를 녹일 듯하다
날도 더운데 시원한 막걸리나 한잔 하지,
여든 중반 선생님의 청은 거절할 수 없는 외로움이다
땡볕이 한풀 꺾기를 기다렸다가
현금지급기에서 궁색하게 내민 만 원권 열 장을
헤어질 때 드릴 당신 택시비로 챙겨 김포로 갔다
우리가 만나는 곳은
열무김치가 흰 사발 나오는 시장통 식당이다
이곳을 사랑채처럼 발견한 선생님은
비가 내리면 못 올 줄 알면서도 은근한 청을 품었다
삶은 돼지껍데기 안주로
때마다 먼저 든 술병 앞에 막걸리 사발을 갑싸 받쳤다
정밀(情密)하게 시간을 흘리며
당신은 두어 잔, 나는 세 병을 이슥히 마셨다
계산대로 다가서자 휘이 휘이 손을 내저으며
멀리서 오게 하였으니 당신이 사야 한단다
불효처럼 다가오는 순간이 당신에게는 그리 하고픈 사랑이다

잠자리 날개 같은 호주머니로 슬그머니 밀어 넣은 차비를
아들이 준 여비처럼 받던 손이 다시 내 호주머니로 불쑥 들어왔다
당신도 내 차비를 준비한 것이다
한 발짝도 떼지 못한 채 실랑이를 벌이다
세상 떠난 당신 아들을 떠올렸다
당신이 챙긴 차비도 만 원권 열 장이었다
당신에게 받은 디카시 사진을 버스 안에서 꺼냈다
모래사장이 섬처럼 떠 있는 바다
제목 아래 적은 청상(淸賞)의 속뜻을 읽는다

에메랄드빛 바람이 부는 그곳에 가고 싶다
-이승훈 청상, 녹원 합장

여름날 내 고향 시골집 한 번 가시자는,
겨울이면 동해안 열차여행 한 번 가시자는
아직 지키지 못한 약속을 한 내게
속내를 드러낸 사진을 건네며 짓궂은 아이처럼 웃었다

선생님과 내게 먼저 세상 떠난 이들,
그 빈자리가 만나
아버지와 아들처럼 여행하고 싶은 에메랄드빛 바람이 되었다
내 아버지는 지천명을 채우지 못하였다
김포 들판의 듬성한 불빛들이
아버지의 목소리처럼 차창 밖에서 흩어진다
거나하게 취해 밤늦게 귀가하며
마을 초입부터 내 이름을 길게 뽑아 부르던.

---

*청상(淸賞)-맑게 감상해달라는 뜻
*이상범 디카시-시 소재가 될 사진을 찍고, 그 사진을 포토샵으로 불러들여 이미지를
 형상화한 다음, 그 영감에 따라 쓰는 시

긍정의 힘을 믿습니다

세상이 예쁩니다
도시가 예쁘고, 사람이 예쁩니다
이 어여쁜 세상에서
아침마다 눈을 뜨며 감사합니다
새아침을 신부처럼 맞이하며
세상 가득 찬 기쁨과 감사를 봅니다
어제와 다름없이
보고 듣고 움직일 수 있는 오늘이,
사람들 빼곡한 틈새 끼어
일터로 향하는 오늘이 감사합니다
내 영(靈)을 보호하는
성스러운 몸의 힘을 키우며
악한 영이 나를 사로잡지 못하도록
오늘도 당신을 향해 깨어 있겠습니다
좋은 기운이 넘치는 세상
세상은 생각하는 대로 보입니다
좋은 생각이 나를 보호하고

좋은 생각이 나를 키웁니다
좋은 생각이 좋은 기운을 만들어
세상의 좋은 기운도 끌어온다는 것을 믿습니다
삶이 힘들어질 때
눈을 뜨는 아침이 두렵기도 하지만
나의 피와 세포를 긴장시켜
나를 살아 있게 합니다
풀잎 끝 이슬처럼
위기도 영롱하게 빛나는 삶이요
지금 겪는 시련도
회상하며 웃을 날이 온다는 것을
근심도 다 지나간다는 것을 믿으며
꿈과 희망의 신성불가침을 믿으며
피할 수 없으면 즐길 줄 아는 지혜로
어둠에서 평화를 얻는 지혜로
영(靈)을 맑히며 행복하겠습니다
두드리면 열린다는 것을

간구(懇求)하면 얻는다는 것을
신령한 진리로써 믿으며
오늘 나를 스치는 바람과 맞서며
내일 지구가 멸망한다 해도
오늘 한 그루 사과나무를 심는
이 위대한 긍정의 힘을 믿으며
세상 백발에도 담대한 내가 되겠습니다.

아내가 바람을 피웁니다

아내가 바람을 피웁니다
나보다 더 사랑하는 이가 있습니다
처음 만날 때부터 끼가 있었습니다
살아가면서 가난해질수록
아내는 더 매달렸습니다
다투기라도 하는 날
그의 품에 안겨 위로받는 거 같았습니다
홀로 밥 차려 먹는 날이 잦았습니다
외로움으로 밥을 말았습니다
일주일이면 서너 번씩
아내의 자리는 비었습니다
내게 줄 용돈은 없어도
그에게 줄 돈은 챙겼습니다
때가 되면 마음이 떠납니다
오붓한 저녁을 청해도
매정하게 뿌리쳤습니다
거울 앞에서

마음이 들썽해지는 아내를 봅니다
때로는 밤을 지새우고
충혈된 눈으로 돌아왔습니다
속상했지만 침묵하였습니다, 그러나
아내와는 헤어질 수 없습니다
아내를 사랑해서가 아니라
나도 아내의 그분을 사랑하기 때문입니다
아내보다는 못하지만.

당신이 있어 살았습니다

기적이 일상이 되어도
깨닫지 못한 채
고난을 내려놓지 못해도
당신이 있어 살았습니다
세상 어디에도 기댈 곳 없고
하소연할 데 없고
손 내밀 데 없어도
당신이 있어 살았습니다
기도하는 삶으로
나를 빛나게 하신 분
가뭄처럼 가슴이 탈 때
신령한 눈물의 기쁨을 주신 분
당신이 있어 살았습니다
근심으로 가득 차 있을 때
아무 일 없는 평화로 감싸주신 분
가난을 부끄럽지 아니하게 하고
나의 존재감을 높여 주신 분

당신이 있어 살았습니다
다가올 고빗사위마다
오래전부터 준비해 두셨던 분
무엇하나 고일 수 없는
밑 빠진 독을 때마다 채워주신 분
당신이 있어 살았습니다
감성보다 더 깊은 영성을 주신 분
육안과 심안을 넘어
영안(靈眼)을 주신 분
날마다 나의 내면을
선하게 닦아주신 분
당신이 있어 살았습니다
오랜 세월의 고단한 삶은
바람 같은 저를 붙들어놓기 위한
당신의 사랑이었습니다
삶이 두렵고 아플 때
목놓아 울음 울기 좋은 곳
당신 앞이었습니다.

꿈인세

해드림출판사 꿈을 꾸었어요
오전 8시부터 찾아가 기다리는데
너무 바쁘던 그대는, 멀리서
웃는 얼굴만 살짝 두 번 보여주었어요
나는 원고를 들고 그대를 기다렸지만
오후 1시가 다 되도록 만날 수 없었어요
출판사 사무실이 어찌나 큰지
실내가 보이질 않았어요
입구에는 어떤 부인이 앉아
원고 들고 오는 방문객을 맞았어요
그녀의 어깨너머로 보인 젊은 여자는
서울대를 나온 직원이라고요
함께 간 친구는 기다리다 지쳐
동네 구경하고 온다며 나가고
나는 계속 기다렸어요
또 다른 내 친구가
출간 상담을 하러 들어왔어요

친구랑 한참 얘기하다가
내 원고가 잘 정리되어 있나 보려니
출간 의뢰하는 원고들이 수십 편 쌓여 있었어요
내 원고는 안 보여 끝내 찾지 못하고
친구에게 무슨 책을 낼 생각이냐 물었더니
자기 가족사를 다룬 책이라고요
발아래 보행도로에는 거위 두 마리가
길바닥에서 이것저것 먹고 있어
비둘기 흉내를 내는구나 하였어요
참 길고도 실제 같은 꿈이었어요
출판사 입구에서 손님을 맞던 여인은
그대 아내인가 하며 인상을 한참 살폈어요
그녀가 앉아 있는 책상 밑에는
음료와 간식거리가 잔뜩 쌓여 있는 걸 보며,
지루하게 기다리는 손님들
접대용인가 보다 싶었죠
현실처럼 꿈을 꾸어서

기다리는 5시간이 지루했어요
근데 그 큰 출판사를 운영하는 그대가
거만하게 굴지 않고
멀찍이서 두 번이나 웃어주어
5시간을 기다리면서도 덜 속상했죠
미리 연락 안 하고 불쑥 찾아간 터라
꿈에서 나는 화를 낼 입장도 아니었어요.

작가의 꿈은 출판사의 꿈이다
나는 이 꿈을 꾼 작가에게
꿈인세를 지급하기로 하였다
출판사의 사랑으로.

우리에게는 하찮은 것이 1

우리에게는 의미 없는 한마디
누구에게는 휘진 무게가 되고
우리에게는 아무 일 없는 하루가
누구에게는 기적이 된다

우리에게는 총총한 별빛들이
누구에게는 그렁그렁한 근심이 되고
우리에게는 어루 스치는 겨울이
누구에게는 살을 에는 바람이 된다

우리에게는 어둠을 밝히는 불빛이
누구에게는 오르고 싶은 소망이 되고
우리에게는 무심코 핀 꽃 한 송이
누구에게는 두 손 모으는 눈물이 된다

우리에게는 까맣게 잊은 무엇이
누구에게는 속 타는 손짓이 되고

우리에게는 풀어 해진 시간이
누구에게는 사로잡힌 걸음이 된다

우리에게는 식상한 것이
누구에게는 가슴 부푼 존재가 되고
우리에게는 하찮은 것이
누구에게는 절박한 것이 된다
우리는 누구에게 절박한 무엇이 된다.

고향 예찬

시간이 정지된 채 소리들만 흐릅니다
조금날 밤에는 별이 더 밝습니다
개 짖는 소리에 시골 밤이 설렙니다
풀벌레 소리가 잡힐 듯이 들립니다
방안 흙벽에서 귀뚜라미가 웁니다
새벽닭 울음으로 눈을 뜹니다
색깔 다른 새소리로 아침 영혼 맑힙니다
냇물이 자갈을 씻듯
바람이 나뭇잎을 소리 내어 씻습니다
마을에서 들리는 목소리가 바람에 섞입니다
하늘이 하늘답게 넓습니다
구름이 빙하처럼 떠 있고
사방 숲의 시선이 푸릅니다
지하수를 주저 없이 마십니다
숨 쉴 때마다 폐부가 씻깁니다
마당에서 토향이 흐릅니다
봄이면 사람들도 땅기운을 받습니다

흙으로 빚어져 흙을 딛고 살아가니
교회가 없어도 하느님이 가깝습니다
내가 살아야 할 곳 여기인데
도시에서 까치발만 세웁니다.

DATE.

DATE.

DATE.

DATE.

DATE.

DATE.

DATE.

DATE.

DATE.

DATE.

DATE.

DATE.

DATE.

DATE.

DATE.

DATE.

DATE.

DATE.

고향 아침

산등 너머에서 해가 눈을 뜹니다
바람이 텃밭 위 거미줄만 흔듭니다
뻐꾸기가 뒷산 깊은 골을 울립니다
산그늘이 서서히 걷힙니다
담벼락 나팔꽃이 햇살을 마십니다
마당 잔디밭에는 이슬을 뿌렸습니다
입자처럼 맺힌 이슬마다 햇살이 부서집니다
고추잠자리가 어깨 위에서 부접대다 날아갑니다
이슬떨이를 하며 잔디밭을 오갑니다
나지막이 나를 깨우는 엄마 목소리,
기억에서 울립니다
햇살 다 마신 나팔꽃이
아침을 오므립니다.
내가 기도하며 살아야 할 곳
여기다 싶습니다.

해바라기

날마다 해바라기를 볼 수 있도록 하소서
제 우울한 날 해바라기를 보며 미소 짓고
제 두려운 날 해바라기를 보며 평화를 얻고
제 고단한 날 해바라기를 보며 희망을 얻게 하소서
침대에서 일어날 때
얼굴 위에서 내려다보는 해바라기에 입맞춤하며
아침 일터로 향하는 등 뒤에서
후광저럼 빛나는 해바라기를 짊어지게 하소서
흐리면 흐린 대로, 맑으면 맑은 대로
뜨거운 여름에도, 차가운 겨울에도
제 눈 돌리면 어디든 환하게 웃고 서 있는
해바라기, 당신이게 하소서
뜨거운 여름에도 뜨겁지 아니하며
차가운 겨울에도 정녕 차갑지 아니하는
당신이 있어, 하루가 의미로운 저이게 하소서.

---

*의미롭다_사전에는 없는 형용사

바람은 불었습니다

바람을 안고 일어나
바람을 안고 잠이 듭니다
뼈마디가 피 묻은 신음을 뱉어도
바람 잘 날 없어 살았습니다

눈 뜨는 하루가 두려울 때도
홀로 있는 시간이 눈물을 찍어내도
바람은 불었습니다

때론 여우별처럼,
때론 숨 멎은 듯 불어도
힘들고 지쳐
기도할 수 없는 날에도
바람은 불었습니다.

부딪치고 찢기며
목 졸리며 바둥거려도

하늘만 바라보며
기도처럼 붙들었습니다

그 바람을 이루는 날
가장 먼저 찾아갈 어머니가
지금,
그 자리에 있었으면 좋겠습니다.

출판 인생 1

어둑새벽의 창가
짙은 안개가 묻어버린
건너뜸 여의도를 바라보면
가끔은 세상 끝이 떠오른다
출판인으로 살아간다는 것은
칠흑처럼 쌓여 짓누르는
침묵을 이겨내는 일
날마다 외면의 고독을 당해도
바람 하나로 버텨야 하는 일
구멍 난 배로 격랑과 싸우며
항구까지 가야 하는 일
세상 끝이 떠오를 때면
먼데 섬을 생각하며
꿈을 지울 수가 없었다는 시인*
여의도의 안개 속에서
자맥질하는 불빛을 보며, 나도

누더기 된 바람을 씻는다
살고 싶은 몸부림처럼.

---

*이상범 시 [섬]에서 인용

출판 인생 2

삶이 슬픈, 쓸쓸하면서도
숭고할 때가 있다는 것을
더 진득한 꿈을 꾸며
더 애틋하게 숨을 쉰다는 것을
가난하게 살아보면 안다
없어도 되는 것을 많게 하고
많은 것을 더 많게 하는 가난은
어제 무심코 스치던 것을
오늘은 섬세한 뜻을 붙인다
아침노을은 시리게 뜨고
석양은 더 깊게 지며
가난한 이의 별은 더욱 빛난다
감사할 일을 쌓아 쌓고
눈물이 충만한 가슴을 만드는 가난은
두려움에서 버티는 법을 배우고,
풀잎은 몸부림치며 울어쌓아도
가난의 뿌리는 이를 악물어
생을 붙들어가는 법을 배운다.

출판 인생 3

아파트 불빛들이
가난한 이들의 아픔을 눈뜨게 한다
비탈지게 살아낸 하루
찾아들어 갈 불빛 하나 없어도
죽음보다 빛나는 의미가 된다
돌아누워야 겨우 스멀거리는
해매 낀 잠결이래도
한 몸 뉠 곳 있는 꿈의 자리
버려진 복권처럼 허무한 일상
기댈 곳은 눈 뜨신 하늘의 장님 뿐
찬란한 생의 우듬지가 없어도
내일 또 한 걸음 오를 수만 있다면
깨었다가 잠들어도 다시 이어지는 꿈처럼
설레는 미련을 붙든 채
바위의 숨결보다 고요하게
여우별의 눈을 뜬다.

출판 인생 4

생의 바람과 별과 꽃이 된,
세상에서 가장 팔기 어려운
책을 파는 남자
구원을 내미는 손길보다
애고 띤 한숨이 늘어가는 숙명
다가설수록 손사래 치는 원심
반란을 꿈꾸던 책들의 몰락을 맛보며
터질 듯 부풀어가는 부채감
수만의 헛눈이
억새잎처럼 스쳐 벤 상처를 싸매며
차디찬 체온을 견뎌야 하는 운명
절망이 쌓이고 쌓여
마침내 이른 성불
사람은 적당히 긴장하며 살아야
사는 맛이 있다고
가난을 스릴로 여기는 남자
아침노을로 가난을 씻어

두 손 모은 어머니께 바치면
다시 영혼을 떠다니는 참별.

출판 인생 5

온종일 박힌 가시를
뒤척이며 삭이다가
아침노을보다 먼저 눈 뜨는 가난
불빛으로 도시의 이른 밑줄을 긋는
차량들의 질주를 바라보며
숙취를 안고 시작하는 하루
가지가 찢기도록 때리며 털어야
풍성한 열매를 맺는 대추나무처럼
얻어맞아도 희열을 느끼는 자학
시비가 없으면 시르죽는
가난은 스릴 있는 삶
가난을 사랑한다고
고상해 지는 삶이 아니지만
가난을 사랑한다는 것은
더 가난한, 가난을 사랑하는 일
지금보다 조금 덜 슬퍼지는 일
질곡을 덜어내고, 조금이라도

행복해질 수 있다면
사랑할 가치가 있는,
기꺼이 불러야 할 생의 찬가
하늘 저 멀리, 나를 향한
영원한 시선이 있다면
가난은 당신의 충만한 은혜.

출판 인생 6
-책

도시를 휘젓는 불빛들이
창가에서 응시하는
나의 존재를 알지 못하듯
살아가는 데, 있어도
없어도 그만인 너의 존재
어떤 이에게는 십 리 밖 바람이어도
또 어떤 이에게는 생의 꽃이 된다
너로 인하여 한 줄로 남겨진 찬양들
너로 인하여 지상미를 발하는 향기
너로 인하여 한 걸음 쉬어가는 여유
너를 호흡하며 미친 듯 휘우청거려도
두려운 무게를 안고
잠들어야 하는 생의 일상
가난이 격렬하게 하루를 채워도
너는 소멸할 수 없는 나의 별
하루 또 하루

눈이 짓무르도록 절박해도
태양은 오늘 내게
아침노을 앞세워 꿈을 이루고
저녁노을 남기며 꿈을 그린다.

출판 인생 7

위를 보니 어머니가 보이고
옆을 보니 아내가 보이고
아래를 보니 자식이 보인다
멀리 바라보니 친구가 보이고
뒤돌아보니 헛된 세월이 보인다
눈을 감았더니
캄캄한 앞날이 보이고
눈을 뜨니
오뉴월 헐떡이던 백구가 보인다
하느님을 바라보니
가엾은 손들이 보이고
출판사를 바라보니,
볶아치는 손들이 보인다
고개를 흔들었더니
초췌한 몰골이 보이고
술잔을 들자니 손이 떨린다
앉은자리 조차 조여오며

부채처럼 쌓여가는 책들
구름이 걸쳐야 달이 더 아름답듯
슬며시 가난이 걸쳐
더욱 빛나는 출판 인생.

DATE.

DATE.

DATE.

DATE.

DATE.

DATE.

DATE.

DATE.

DATE.

DATE.

DATE.

DATE.

DATE.

DATE.

DATE.

2.
우리에게는 하찮은 것이

그 뜻

호주머니 사정을 안다는 뜻이다
힘들어한다는 것을 안다는 뜻이다
조심스럽다는 뜻이다
마음 아파해할 것을 안다는 뜻이다
짠해할 것을 안다는 뜻이다
그래서, 미안하다는 뜻이다
자존심 상해할 것을 안다는 뜻이다
그래도, 힘내자는 뜻이다
죄인처럼 머뭇거리며 건넨
십만 원만 빌려주세요
아내의 그 말속 뜻은….

눈물 나는 한 편의 시

아내는 항상 나보다 한 수 위다
믿는 구석도 크다
자신도 애가 타면서
힘들면 가까운 사람조차 안 보이는
나를 먼저 위로한다
우리보다 더 고단할 사람을 떠올린다

발걸음마다 터져 나오는
내 신음을 들은 아내가
오늘은 간단한 위로 편지 아래
로또복권 한 장 감춰놓았다

하지만 금세 웃음을 그쳤다
오천 원 다섯 줄 로또복권
아내가 준
로또 번호는 세 줄이었다
세 줄밖에 못 샀거나

다섯 줄 가운데
세 줄은 나에게 건네고
두 줄은 자신이 가졌을 것이다

눈물 나는 한 편의 시다
로또복권 세 줄이.

어머니의 집

새벽이 흔들어 눈을 떴다
시골집 방안이 스치듯 낯설었지만
살가운 기운을 따라 몸을 일으켰다

거실에서 맴돌다 아침이 끝나 버리는
도시를 떠나왔다
마루를 지나 토방으로 내려서면
하늘과 먼바다와 산들이 펼쳐지는 마당은
지친 영혼의 구원을 이루는 곳이다

평상 같은 마루가
방들을 떠받친 고향집은
건설 현장 밥집을 하던 노모가
청상을 시쁘게 여기는
사내들의 눈치를 받으며 지었다

당신이 잠든 안방

창호지의 어둠이 쓸쓸하다
청상의 시절, 밤이면
바람소리에도 방문을 걸었던 노모인데
낡은 마루가 소리를 질렀다
까치발을 하며 마루에서 내려오다
당신의 어두워진 가는귀를 떠올렸다
고요가 고요를 덮었다

마루문을 나서니
가랑비가 봄의 선율처럼 차양을 두드리고
바람이 기도처럼 풍경을 울렸다
마당을 밟지 못한 채
산책하듯 토방을 거닐며
하느님께 노모를 의탁한다

어머니의 집
새벽은 수탉을 따라오고

아침은 새들을 따라온다
마을 안뜸 수탉들이 새벽을 흔들어 쌓는다
숲에서 들려오는 새소리가
새벽이면 눈망울로 떨어지던 별들을 닮았다
하늘이 희읍스름히 눈을 떠도
소리를 잃어버린 노모는 잠이 깊다
노모가 없다면 가는귀먹을,
고향 어머니의 집 새벽이다.

---

*가는귀 : 작은 소리까지 듣는 귀, 또는 그런 귀의 능력.
*봄 : 비발디 사계 중 봄

그런 날 있습니다 2

아내가 차려주는 밥상이
아내의 가슴속 내 모습이다 싶은 날
회사 일로 죽을 듯이 힘든데
무얼 사자고 조르는 아내가 무정한,
살다 보면 그런 날 있습니다

느긋이 자고 일어난 아침
온종일 이불을 펼쳐두고 싶은 날
사무실에서 야근하다
미리 깔아 둔 이불만 봐도 마냥 행복한
살다 보면 그런 날 있습니다

바람 따라 흔들리는 나무를 보며
자신도 마구 흔들리고 싶은 날
다가오는 월요일이 무서워도
주말에는 애써 여유를 부리고 싶은,
살다 보면 그런 날 있습니다

아무도 모르게 숨겨놓고
삶이 힘들 때마다
슬며시 꺼내 히죽거릴 수 있는
무엇 하나 있었으면 하는 날
살다 보면 그런 날 있습니다

통장으로 들어온 돈이 아까워
힌없이 결제를 망설이는 날
돈 빌릴 사람이 있다는 게
더없이 감사하게 느껴지는,
살다 보면 그런 날 있습니다

슬픈 노래를 들어야
위로가 되고 힘이 나는 날
매일 통장은 깡통인데
기적처럼 또 한 달을 넘기는,
살다 보면 그런 날 있습니다

오늘 직원들 봉급을 주면서
다음 달 봉급을 걱정해야 하는 날
빚을 갚아야 하는데
세상 어디에도 손 내밀 데가 없는,
살다 보면 그런 날 있습니다

갑이 갑이 되지 못하고
을이 되어 피 흘리는 날
폐선처럼 버려진 자신을 보며
하느님의 존재가 수없이 부정되는,
살다 보면 그런 날 있습니다

끝날 때까지 끝난 게 아니니,
늦었다고 생각할 때가 가장 이른 때이니,
살다 보면 그런 날 오겠습니다
허허, 하얗게 웃을 날.

재스민

재스민 꽃은
보라로 피어나 하얗게 집니다

사무실 책상 앞 선반
이파리 무성한 재스민, 수년째
화분에서 나를 지켜봅니다

어떡, 눈 맞추고 기색을 살피던 날
이파리 툭 하나 떨어트린 재스민
할 말이 있는 것일까….
스치고 말았습니다

고개 숙인 머리맡
잊을만하면 툭, 툭, 툭,
아득히 깨트려지는 고요
제 살붙이 떨어트려
무심한 나를 흔들었습니다

어느새 늘어나 있던
풀기 없는 이파리들
그제야 문득,
가물가물 들려온 목소리
물 좀 주세요

어린 시절, 누렇게 뜬 낯꽃으로
아침을 맞았습니다
허기진 채 잠든 날 아침이면
숟가락 든 손이 떨렸습니다
꼬막손 떨려쌓던
어머니의 아픈 기억이 들립니다

날마다 목이 타는 재스민
생이파리 하나씩 떨어내며
푸석한 흙을 빨아대던 뿌리,

버티는 게 살아남는 일이라고
기다리면 응답이 있다고
보라, 하얗게 졌습니다.

아내를 찾습니다

아내의 사랑이 식어갈수록
남자는 더 늙어간다는 것을
이제야 알았습니다
악몽이라 느꼈던 그때
아내가 가장 귀여웠다는 것을
하얗게 센 머리로 알았습니다
너덧 평 원룸 사무실
날마다 야근을 하다 잠든 새벽녘
문득, 눈을 뜨면
아내가 곁에 누워 있었습니다
악몽을 꾸다 깰 때처럼
소스라치게 놀랐습니다
아내는 밤새 딴생각을 하다가
기어이
홀로 잠든 남편을 확인하였습니다
배고프게 달리는 불빛들로
잠 못 드는 도시의 거리

20년이 흘러도 바라보며, 사무실에서
늙은 고아처럼 주말을 보내도
밥 먹었느냐 전화 한 통 없습니다
아내는 어디로 갔을까요
아내를 찾습니다
아내의 사랑처럼 파고들던
와이셔츠 샤프란 향기도
쓸쓸할 수 있다는 것을, 이제야 알았습니다
오래 묵어 표백할 수 없는 사랑
내가 표백되어 갑니다
전설 같은
아내의 사랑으로.

생일

부도가 난 아들이
노모 집에서 생일을 맞습니다
빗방울의 둔한 목탁 소리와
웅얼대는 음성이 이른 아침을 흔듭니다
시멘트를 따갑게 두드리는 빗방울도
끊길 듯 흐르는 독경을 멈추지 못해
아들이 옆방에서 모로 누워 듣고 있습니다
노모는 이른 아침 수심 깊은 기장 미역을 삶고
살찐 생물 병어 한 마리를 굽고
올여름 고향 텃밭에서 따 온 고구마순 나물을 무쳐
정화수와 촛불 목 타는 상위에 올렸습니다
노모의 눈물 같은 정화수가
독경을 따라 종지 안에서 아들의 영혼을 씻기고 있을 때
빗방울 사이로 여름과 가을이 환승을 합니다
해마다 지쳐 가는 축원이 멈추며
좀처럼 일어서지 못하는 아들을 부릅니다
일 년 사이 바싹 엎드린 노모와

생일상을 받은 아들이 마주하고 앉았는데
생일날 아침이면 먼저 찬물재齋를 하던 노모가
올해는 훈짐을 솔솔 서려 내고
깊은 침묵을 견디지 못한 촛불이
고구마순 나물을 꾸역꾸역 삼키고 있는
아들을 향해 끌끌 흔들립니다
노모를 위해 병어 살점을 바르던 아들이
상을 물리고 방으로 들어갑니다
침묵으로 집안이 발칵 뒤집히고
피땀 흘린 지난 세월이
벽에 머리를 부딪칩니다.

울음 울기 좋은 곳

세상은 당신 것이었습니다
눈뜨면 아름답고 설레던 세상이
당신 없으니 의미가 없습니다
통점이 사라진 물고기처럼
머릿결을 흔드는
바람조차 느낄 수가 없습니다
무엇이 급해서 떠났을까요
파란 하늘처럼 젊은 날
내 허락도 없이
하늘은 왜 당신을 데려갔을까요
천사의 자리 하나 비어 있었을까요
시간이 흐르면 잊힌다지만
십 년이 지나 꺼내도
지금처럼 통곡하겠죠
길을 나서면
당신 닮은 사람이 왜 그리 많을까요
울음 울기 좋은 곳, 어디 없을까요

마음껏 당신을 부르고 싶습니다
눈물이 다할 때까지,
더는 당신 이름이 안 나올 때까지,
지쳐 쓰러질 때까지 울고 나면,
숨이 좀 쉬어질까요
아픔 없을 하늘에서 잘 있겠죠
당신이 겪었던 고통이 잊히도록
당신 잃은 슬픔이 재가 되도록
혼자서도 견디며 살아볼게요
잔별이 되었다가 여우별이 되도록
그러나
소멸할 수 없는 당신 사랑으로.

어머니의 자비

어머니 혼자 사는 시골집은 절이다
처마 끝 풍경이 울리고
카세트에서 독경이 흐르고
당신은 틈틈이 사경(寫經)을 한다
아침이면 길고양이들이
어머니의 외로움을 탁발해 간다

어머니는 아들을 위해 부처님께 기도하고
아들은 어머니를 위해 하느님께 기도한다
아들은 화살처럼 기도하고
어머니는 화살 맞은 가슴처럼 기도를 한다

사경 책상에는
아들이 쓴 책 '자비출판'이 놓여있다
일 년 사이 사경 노트 수권이 늘었다.
수정액으로 고쳐가며 쓴 사경의 행간마다
아들의 출판사는 어머니의 가슴을 탄다

책이 나왔을 때
어머니는 스님께 먼저 드렸다
책이 잘되도록 기도를 부탁하였을 것이다
뭐 하러 스님한테조차 드릴까
아들은 자비출판이 성에 안차는데.

자비출판이 무엇인지 모르는 어머니는
책 제목을 자비(慈悲)출판으로 알았다
출판사가 저자에게 자비만 베풀면 망하는데
어머니는 오늘도
자식의 자비(慈悲)출판을 위해 사경을 한다.

---

*화살기도: 가톨릭에서 하느님께 바라는 바를 화살을 쏟아 올리듯 순간적으로 바치는 기도.

뒤늦게 알았습니다

앞산에서 뜨는 해를 바라보며 살았던 내가
뒷산에서 해가 뜨는 마을이 있다는 것을
뒤늦게 알았습니다
름날 새벽이면
여의도 하늘에서 해가 떴습니다
해가 뜨기 전
노을이 먼저 찾아온다는 것을
뒤늦게 알았습니다
사무실 베란다에서 바라보는
건너뜸 해 뜨는 여의도가
항상 동쪽인 줄만 알았습니다
계절마다 동쪽이 이동한다는 것을
뒤늦게 알았습니다
해는 동쪽에서 뜨고 서쪽으로 졌습니다
여름이 가고 가을이 가고
겨울이 가는 동안

해는 점점 오른쪽에서 뜨고
점점 왼쪽으로 졌습니다
해의 이동하는 길이가
짧아지는 겨울을 뒤늦게 보았습니다
겨울 새벽인 지금
아침 동살은 시야에서 사라졌습니다
겨울에는 찬란한 빛깔의
아침노을 없다는 것을, 석양도
뜨거운 여름날이 더 신비롭다는 것을
뒤늦게 알았습니다

한걸음 늦추니 세상이 보입니다.

DATE.

DATE.

DATE.

DATE.

DATE.

DATE.

DATE.

DATE.

DATE.

DATE.

DATE.

DATE.

DATE.

DATE.

DATE.

DATE.

DATE.

DATE.

불륜을 생각하며

먼 데 섬 불빛 하나
사랑하게 되었습니다

고향 마을 앞 아스라이
밤이면 찬별처럼 빛나는
불빛 하나 있습니다

밀물이 들어차도 뱃길이 없는
개펄로 가로막힌 그곳에서
불빛을 그렁그렁 흘립니다

어둠이 내려야만
비로소 허락된 그리움들
갯둑 길을 서성거리며
먼 데 섬, 그녀처럼 흔들립니다

사랑해서는 안 될, 그러나

신이 잠시 눈감아 준 사랑
서로 아낌없는 선물이 되었다가
이제는
먼 데 섬 불빛이 되었습니다

섬으로 떠나 버린 그녀,
가슴에서 찬별처럼 뜹니다.

---

*고향에 내려가 깊은 밤 마을 앞 바닷가로 산책을 나가면, 멀리 보이는 섬들의 불빛들이 수없이 말을 건네 온다. 하지만 나는 그 불빛들을 언어화할 수가 없다. 다만 스토리텔링을 한 번 써봤으면 하는 생각이 늘 맴돈다. 지금도 고향에 내려가면 그 섬들의 불빛 언어를 해석해 보려고 밤이면 어김없이 바닷가로 나간다.

우리에게는 하찮은 것이 2

우리에게는 거저 주어진 무엇이
누구에게는 생의 목표가 되고
우리에게는 어제처럼 저물어 가는 석양
누구에게는 삶의 끝자락이 된다

우리에게는 노을 따라 눈 뜨는 하루
누구에게는 숨 막히는 긴장이 되고
우리에게는 시간을 빼앗는 일이
누구에게는 밥을 빼앗는 일이 된다

우리에게는 미워하는 사람이
누구에게는 그리워하는 사람이 되고
우리에게는 굽실거리는 사람이
누구에게는 하나뿐인 사람이 된다

우리에게는 생각 없이 건넨 한마디
누구에게는 가슴 저미는 상처가 되고

우리에게는 스치듯 건네는 말이
누구에게는 갈쌍한 위로가 된다

우리에게는 황홀한 도시 야경이
누구에는 심란한 불빛이 되고
우리에게는 창밖을 내려다보는 자리
누구에게는 오르지 못할 자리가 된다

우리에게는 함박눈을 기대하는 하늘이
누구에게는 우울한 하늘이 되고
우리에게는 설레는 겨울이
누구에게는 춥고 긴 터널이 된다

우리에게는 재미로 사는 복권 한 장
누구에게는 절박한 희망이 되고
우리에게는 무심코 들려오는 전화벨 소리
누구에게는 심장 떨리는 두려움이 된다

우리에게는 쓸데없는 짓이
누구에게는 신박한 것이 되고
우리에게는 가십거리가 되는 것이
누구에게는 목숨 같은 자존심이 된다

우리에게는 하찮은 것이
누구에게는 그 무엇이 된다.

들판의 나무처럼 살게 하소서

나무처럼 살게 하소서
이파리 무성하고 둥근 지붕처럼 아늑한
들판 가운데 서 있는 나무이게 하소서
멀리서 바라만 보아도 쉼을 주고
삶이 지칠 때마다 먼저 눈에 들어오는
들판의 나무처럼 서 있게 하소서
이파리에 무성한 소리를 달아
귓속까지 시원한 바람으로
내 아래 누운 이의 영혼과 육신을 씻어주는
들판의 나무처럼 살게 하소서
나를 찾아와 기대어 쉬고
말없이 뒷모습을 보이며 떠날 때도
아무 바람 없이 기도하게 하소서
겨울밤 누군가 외로워 찾아오면
나목의 가지에다 푸른 밤하늘의 달을 걸어
가슴 시리도록 눈물 흘리게 하소서
두려이 밤길을 걷는 이에게는

잠깐 들어와 의지하고픈
어둠 속에서도 둥지를 드러나게 하소서
수시로 나의 표피를 뜯어내고
내 가지를 부러뜨려도
평화로이 그저 지켜만 보게 하소서
비바람이 몰아쳐 넘어질 듯 휘우청거려도
금세 추슬러 우뚝 서 있는
우듬지 낮은 들판의 나무이게 하소서
멀리서 바라만 보아도 그 아래에서 쉬고 싶고
힘들 때면 언제나 찾아들고픈
들판의 나무처럼 살게 하소서
두려움과 외로움이 걷히고
모든 고난조차 사라져
이제 더 찾아오는 일 없어도
저는 언제나 그 자리에 서 있게 하소서
아무 바람 없이 그를 위해 기도하게 하소서.

노모가 밥을 마는 이유

머리, 꼬리 다 떼어낸
갈치 한 토막
알천으로 올려진 저녁상을 앞에 두고
노모와 아들이 셈을 친다
노르스름하니 때깔 곱고
하얀 속살 녹아 흐를 듯한데
두 사람의 젓가락은 에움길을 걷고 있다
갓살 한 점 먼저 뜬 아들이
갈치의 에움길만 돌아
숟가락 바삐 움직이는 이유를
노모가 왜 모를까
노모는
몇 술 남은 밥을 물에 말아버린다
갈치 한 토막
숟가락 다 놓도록
지느러미만 뜯긴 채 저 혼자 식고 있다.

스파티필름의 비밀

기도하는 이파리를 만났습니다
봄부터 여름이 다 가도록
사무실에는 스파티필름 꽃이 피었습니다
고개를 숙인 채 오목하게 피고 졌습니다
미사보를 쓴
성모님의 발현처럼 피어나
세 개 화분에서 번갈아 기도를 올렸습니다
기도를 다한 꽃은
꽃대를 끌어안고 시커멓게 스러졌습니다
이파리는 꽃잎이 될 수 없고
꽃잎은 이파리가 될 수 없는데
스파티필름의 비밀을 알았습니다
하얀 꽃잎이 연두색으로 물들더니
끝내 이파리가 된 것입니다
꽃대 끝 수술만 톡 따내듯이 끊어냈습니다
꽃의 기도가 간절하여
이파리로 이어가시는 섭리를 보았습니다

천년마다 한 번 피는 꽃을 보듯
이파리가 된 꽃의 신비를 보며
기도의 응답을 궁금해합니다.

고백

그대 가난이
기도가 되지 못하고
사랑이 되지 못하고
나의 외로움이 되었습니다

그대 외로움이
더 가난한 내게
방해만 되는 거 같아
함께 침묵하였습니다

아프고 힘들어도
주저하며 겉돌게 한
그대여, 제가 참 못났습니다

힘들 땐 힘들다고
슬플 땐 슬프다고
말할 수 있게 해주어야 하는데.

아들

기찻길 옆 사무실
10층 난간으로 나갔다
빌딩을 낚아챌 듯 달리는 ktx
세 시간이면 닿을 그곳

아들이라는 놈
구순 가까운 엄니와
석 달이 넘도록 밥 한 끼 못 먹었다

아랫녘을 향하는
ktx 침묵이 울리는 기적,

엄-니-

누구네 자식 울음인 줄 몰라도
기적소리 참 길다.

바람의 기도

바람이 불어

잣나무 가지들이

층층이 휘우청거린다

아버지, 당신도 저를

바람처럼 불러주세요

저도 당신을 향해

마냥 흔들리겠습니다.

궁금한 시간

어둠의 슬픔처럼
긴 시간 비가 내린다
며느리가 휴가를 내
홀로 지내는 시어미를 찾았다
여전히 불혹인
한 여인에겐 큰아들이요
한 여인에겐 지아비
그가 묻혀 있는 공원묘지만큼
깊숙이 자리한 시골집
가까이 한 남자를 묻어놓고
두 여인이 보낼 여름밤
이 비 내리고 어둠 깊은
두 여인의 시간이 궁금하다
기별로 깨트릴 수 없는
아랫녘의 고요
서울의 빗방울은 무장, 무장 굵어진다.

무엇 하나 있었으면

아무도 모르게

영혼 깊숙이 숨겨놓고

삶이 힘들 때마다

슬며시 떠올리며

히쭉 웃고 싶은

무엇 하나 있었으면.

DATE.

DATE.

DATE.

DATE.

DATE.

DATE.

DATE.

DATE.

DATE.

DATE.

DATE.

DATE.

DATE.

DATE.

DATE.

3.
살아야 하는 이유

살아야 하는 이유 1

가슴이 무너져도 살았다

세상 끝이 떠올라도

하루를 살고

또 살고 보니

아무 일 없는 하루가 찾아왔다.

살아야 하는 이유 2

밤이면 내일 아침이 두려웠고
아침이면
도망 다니는 사람처럼
전화벨이 두려웠다
전화벨이 울릴 때마다
경기(驚氣)를 하여
아주 오랜 시간 무음이었다
그렇게 하루를 살고
또 살고 보니
어느 날 무심히
전화벨이 울리고 있었다.

살아야 하는 이유 3

구차한 하루살이
평생 이어질 거 같아
그만 쓸어버리려고
빗자루를 들었다가
슬며시 내려놓았다
그렇게 들었다가 놓으며
하루를 살고
또 살고 보니
어느 날 주변이 환해져 있었다.

살아야 하는 이유 4

순간순간
세상 끝을 떠올리며
머릿속을 굴렸다
밀폐된 화장실을
들여다보기도 하고
5층 사무실 난간에서
아래를 내려다보기도 하였다
그렇게 하루를 살고
또 살고 보니
아침마다 옥상에서 호흡하며
동살을 맞이하고 있었다.

살아야 하는 이유 5

우리는
며칠 굶은 짐승들처럼 싸웠다
사흘이 멀다 하고
함께 일하는 사무실에서도 싸우고
길을 가다가도 싸웠다
바닥까지 떨어지니
할 일이라고는 싸우는 일밖에 없었다
끓어오르는 화를 어쩌지 못해
내가 내 뺨을 수없이 때렸다
빈곤의 마귀는
우리를 금방 쓰러트릴 것 같았지만
그렇게 하루를 살고
또 살고 보니
'어느 때 미워하는 사람이
어느 때 사랑하는 사람이 되어 있었다.'

(*김춘성 시 [세상살이]에서 인용)

살아야 하는 이유 6

노모에게 50만 원을 빌려놓고
바람 소리에도 화들짝 놀랐다
바람이 창을 흔들 때마다 부끄러워 함께 떨었다
달이 조각하늘을 스치며 방 안을 들여다 볼 때도
새벽녘 동살이 앞산에서 넘어다볼 때도
이불 속에서 몸을 사렸다
누군가 찾아올까 두려워하며
그렇게 하루를 살고
또 살고 보니
저 환한 터널 끝이 보였다.

살아야 하는 이유 7

아무도 안 보였다
팔순 어머니도 안 보였다
내가 짊어진 십자가가
세상에서 가장 무겁고 질겨서
옆에서 들리는 신음조차 외면하였다
그렇게 하루를 살고
또 살고 보니
한 사람씩 내 둥지로 들어와 있었다
메마른 땅에 빗물이 모여들 듯
통장에서도
어디선가 꾸물꾸물 모여드는 것이 있었다.

살아야 하는 이유 8

샅샅이 둘러봐도
가진 것이라고는 없어서
기쁠 일도, 웃을 일도 없이
날마다 슬프고 우울한 삶이 전부였다가
하나, 둘씩
감사한 것들을 찾아가며
그렇게 하루를 살고
또 살고 보니
온종일 감사해도
다 감사하지 못한 삶을 살고 있었다.

살아야 하는 이유 9

5층 사무실 난간에서
쓰러질 듯 일렁이는 고소공포증을 견디며
비바람 드센 날, 산발한 채 통곡하듯
휘우청거리는 은행나무를 바라보곤 하였다
그렇게 하루를 살고 또 살고 보니
15층 사무실 옥상에서
하늘 높이 솟은 빌딩들을 보며
미소 짓는 꿈을 꾸고 있었다.

살아야 하는 이유 10

신용카드를 못 막아 숨이 막혔다
매일 무너지고 있는 것이 보였다
자주 코피를 흘리고
한 번씩 경기(驚氣)를 하듯 긴장하며 살았다
그렇게 하루를 살고 또 살고 보니
아무 일 없는 하루가 이어졌다
삶이 밋밋해졌다.

DATE.

DATE.

DATE.

DATE.

DATE.

DATE.

DATE.

DATE.

DATE.

DATE.

DATE.

DATE.

DATE.

DATE.

DATE.

청춘

수억의 느낌이

시루 안 콩나물처럼

우우

자라는 때.

기쁜 삶

주말이 아닌

월요일이 기다려지는

삶.

세상에서 가장 든든한 말

너는

내 사랑하는 아들

너는 내 것이라

두려워 말고 힘을 내어라

힘을 내어라.

성모님 사랑

누군가

성모님상 앞에서 기도를 하고 있으면

질투를 느낄 만큼

그 기도의

아름다움을 보는 남자.

겨울을 싫어하다

9월이 왔다

세상을 떠난 듯한

빈자리

여름.

묵상 1

열 사람
목숨도 살릴
네가 가진 십억
너는 나에게
깨끗한
빈손으로 와야 한다
오늘도 내 꽃이 진다
툭, 툭
부러지는 생명들
너는
네 성전을 허물어
내 생명을 구하지 못하리.

묵상 2

네가 사는 세상이
내 성전이요
내 아들인 너는
생명의 보호자다
시들어가는
내 꽃을 살려라
나에게 올 때
꽃대궐 성전이 아닌
네가 살린
생명들을 보리라.

묵상 3

믿음은 생명이다
햇빛과
물과
산소가 있어야 산다
믿음은
성전이 아닌
한데서
비와 눈과
차가운 바람을
맞으며 자란다.

묵상 4

이제 곧 오리라
네 무덤이 클수록
부끄럽듯이
네 성전이 클수록
부끄러울 그때
해는 곧 서산으로 기운다.

묵상 5

하늘을 보면
당신은
두 팔을 벌리신다
언제
저 사랑을 다 구할까
당신이
내게 오시는 길
거리낌 없으시나
당신께 가는 나의 길
멀고 험하다.

DATE.

DATE.

DATE.

DATE.

DATE.

DATE.

DATE.

DATE.

DATE.

DATE.

DATE.

DATE.

DATE.

DATE.

DATE.

DATE.

DATE.

DATE.

4.
그곳을 걸었다

가을 기도

두 손 가지런히 모아
왼쪽 뺨 베개로 삼고
단풍잎처럼 몸을 말아
붉고 샛노란
가을 깊숙한 곳에서
당신께 등을 보이며
기도하고 싶어요.

그곳을 걸었다

삶이 고단할 땐
결빙된 개펄에서도
생의 풀기를 채워가는
근성 묵묵한 그곳을 걸었다

마음을 다쳐 아플 땐
비바람 휘몰아 베여도
부딪치며 살아야 강해지는
그곳을 걸었다

삶이 외로울 땐
지상의 삶을 내려놓고 떠나
나를 더욱 혼자이게 하여
가슴 쓸던 그곳을 걸었다

사랑이 흔들릴 때면
삭정이처럼 메말라 울어쌓아도

집착을 내려놓아야 꽃이 되는
그곳을 걸었다

울음 울기 좋은 곳 찾아
그곳을 걸었다
휘우청거리며 꺾여도
함께 목놓아 울어주던 곳

나를 찾고 싶을 때면
흔들리며 살아야 꽃이 피고
흔들리며 생을 붙들어가는 그곳
순천만 갈대밭을 걸었다.

여섯 시 반

봄이 오는 길목
오후 여섯 시 반
하늘을 파랗게 닦고
반달이 성큼 솟아
바람이 숨죽이는 시간
아랫녘 홀로 있는
90세 어머니가 보고 싶다
하나 둘 켜지는 도시의 불빛이
갈쌍해진 눈가에서 부서지며
머잖았다, 머잖았다
어머니 없이 어찌 사나
이명처럼 속삭인다
멀리 떨어져
살아 있어도 그리움인 것을
세상살이 거칠어
함께 살 수 없는 회한
성모님 상만 멍하니 바라본다

역마살 밀려오듯
안절부절못하는 여섯 시 반.

우리

말 한마디에도 갈쌍해지는
눈물 흔한 두 남자
오랜 세월, 흔들리는
디딤돌 위에서 비틀거려도
끄덕끄덕 살아온 세상살이

서로 도와주지 못해
서로 안쓰러워하는 늙은 사내들
사는 게 다 그런 거지 하면서도
아린 가슴 애써 감추었습니다

개울 하나 건너온 듯한데
수선화, 서른일곱 번 피고 졌습니다
뒤돌아보면 내내 불안전한 세월
누이가 하늘로 떠난 후
침묵하고 소원하였던 틈새로
업고 걸렸던 아이들

군잎 없이 자랐습니다

숙명처럼 지닌 가난
그 가난으로 받은 상처들이
왕대나무처럼 마디를 두르고 있어도
만나면 떠들고 웃었습니다

스스로 내세울 게 없어
주변 자랑만 늘어놓았던 우리
단 한 번도
누군가를 험담하는 일 없던
참 착한 그대
세상 하나뿐인 매제
함부로 말해도
웃으며 받을 줄 아는 사이,
우리.

외면

열차가 서서히 움직이기 시작한다
노모는 차창 밖 아들을 잊은 채
열차 안 티브이에서 눈을 떼지 못한다.
열차가 천천히 노모를 싣고 가는데
손 흔드는 아들조차 외면한 그 시선
먼 훗날 당신이 떠날 내 곁의 모습이 아닐까,
망연히 멀어져 가는 KTX를 보며 생각했다
용산역 차창 밖에 두고 온 늙은 아들
이제야 눈물을 훔쳐내며 뒤돌아 볼 당신을.

겨울 꿈

봄이 오면 떠나야지 저 원통한 봄이 오면
으스러지도록 그녀를 껴안고 그곳으로 떠나야지
온몸의 세포와 피톨 산과 들에 뿌리고
새파란 풀밭으로 봄이 오면 떠나야지
겨우내 괸 음부(陰府)의 죽은피 씻어내고
꽃바람 맞아 물오른 봄으로 떠나야지.

자살교사

SNS에서 책 광고를 하였다
11,200명을 콕콕 찔렀다

책은 한 권 팔렸다
광고비는 책 스무 권 값이었다

10만 명에게 보이면
열 권,
100만 대군을 찌르면
백 권이 팔릴까

차라리 너랑 나랑
물에 빠져 죽자.

지느러미 없는 물고기

작은 회사가 들어찬 철길 가 빌딩
월말이면 침묵이 깊어지는 사장들
마음이 무거울 때면 베란다로 나간다
여섯 개 철로에서 오가는 열차
어디로든 떠나고 싶은 충동을
서울로 들어오는 KTX가 낚아채고 만다
베란다에는 의자 하나 놓여있다
이슬 젖은 나비처럼 앉아
사장들이 벌렁거리는 심장을 다스린다
베란다로 향하다가
월말과 설이 등뼈로 튀어나온 듯
허정거리는 이웃 사장 뒷모습을 본다
흔들린다는 것은 깨어 있다는 것이다
꽃샘바람이 꽃을 준비하듯
우리도 흔들려야 꽃이 핀다
나는 지느러미 없는 물고기다
세상을 온몸으로 거스르며
흔들려야 하는.

거시기

마누라 없는 밤이다
마누라가 없으니 속이 허할 만큼
거시기 욕구가 더 깊었다
갓 목욕을 끝낸 여인이
서늘한 기운을 풍기며 다가오는 듯한
5월의 밤, 풋풋한 내음을 마시며
어슬렁어슬렁 그곳을 찾았다
이 나이에 조금은 쑥스러웠다
아무 때나 거시기를 살 수 있는 집
참 존 세상
고백하자면 오늘이 처음은 아니다
슬며시 지폐를 내밀자, 고것이
붉은 불빛 아래 빙글빙글 몸을 데우며
허기진 욕구를 달군다
아무도 없는 집
땃땃해진 몸뚱이의 옷을 훌러덩 벗겼다
흡, 환장하게 뽀얗다

목련의 살결이다
얼굴을 가까이 대고 킁킁거렸다
아휴, 중년이 넘도록 나는
이 빛나는 백옥에 얼마나 몸달아 하는가
우렁각시의 거시기다
촉촉하게 젖은 살결, 뽀송뽀송한 윤기
풋,
늙은 마누라가 마지못해 해주는 맛보다 낫다
햇반은.

판다는 것은

역곡에서 서울 오는 버스를 탔다
문래동에서 내려야 하는데
졸다가 한 정거장 더 가서 내렸다
영등포역에서 길을 따라 걸었다
길가 불 꺼진 천막 안에는
띄엄띄엄 여자들이 앉아 있었다
한 여자가 말을 걸었다
오빠 잠깐만요
속살은 허옇게 빛나는데
목소리는 속삭이듯 기어들었다
나도 매일 낯선 이들에게 속삭인다
오빠 잠깐만요
책은 눈길조차 없는 내 몸이다
하늘에는 구름이 끼어 있었다
날계란을 던져 깨진 듯
구름 속 달빛이 그렁그렁하였다
판다는 것은 눈물겨운 일이다.

DATE.

DATE.

DATE.

DATE.

DATE.

DATE.

DATE.

DATE.

DATE.

DATE.

DATE.

DATE.

DATE.

DATE.

DATE.

로렌츠의 도토리

책 한 권 팔아보자고 발악을 한다
북한산 인수봉처럼
사람들은 흔들릴 줄 모른다
눈이 벌게지도록 홍보하느라 밤을 패도,
아침 주문 팩스는 쥐코밥상이다
누구는 사막에서 신발도 팔았다는데
책 한 권 팔기가 더 쉽지 않겠냐며,
인수봉이야 무너질 줄 모르지만
사람 마음은 한 번 흔들리면
와르르 무너지지 않겠냐며,
장 지오노의 '부피에'처럼
날마다 사이버 사막에서 도토리를 심는다
도토리가 숲을 이루고
숲에서 이는 바람이 태풍마저 일으킬
로렌츠의 도토리를 심는다.

---

*인용 : 장 지오노의 나무를 심는 사람 로렌츠의 나비효과

수컷

바다의 수압을 견디며
겨울이면 있는 살 다 내려
수꽃게는 암꽃게를 살찌운다
꽃샘바람 불어쌓아 봄뜻이 무르익고
꽃게잡이들 깃발이 펄럭이면
뼈마디 앙상한 채 끌려 나온 수꽃게
암꽃 게장 장맛을 위해
펄펄 끓는 물속에서 골수조차 내준다
꽃게장 밥상
게 눈 감추듯 밥그릇을 비워도
사람들은 모른다
수꽃게의 살 내리는 삶을, 게장 맛은
수꽃게 골수에서 나온다는 것을
출판사를 운영하는 나는 안다
있는 살 다 내리고
골수조차 내주는 수컷들의 외로움을.

아내의 기도

부도가 났습니다
허기진 손처럼 떨던
남편이 집을 떠났습니다

몸체를 떼어놓은 채
열차가 머리만 달립니다
빚단련을 떼어놓은
남편을 닮았습니다
나비처럼 가벼워도
기적은 울립니다

괴로울 땐 울어야 삽니다
울음 울기 좋은 어디쯤 머물렀다
다시 돌아오기를 바라는
아내의 기도가 가을을 탑니다.

문래동은 오동나무를 닮았다

쇠들의 침묵을 깨트리는
발걸음이 비장한 이곳에서
삶이 두려울지라도 흔들리지는 마라
몸이 잘리고 깎이며
새청을 지르는 아픔이 없고서야
늙은 독수리 부리처럼 거듭날 수 있으랴

한 아름 쇠뭉치도
자귀나무꽃처럼 패는 이곳에서
취해도 비틀거리지는 마라

정밀한 쇠쟁이들이
한 치 오차도 마다하기 때문이다
바람이 흘린 씨앗이
쇳가루 채워진 틈새로 떨어져
오동나무 쑥쑥 자라는 이곳에서
처지를 홀대하지는 마라

풀숲이 없어도 풀벌레가 울고
나무가 없어도 매미가 우는,
달조차 빠우되어
뚝 떨어질 듯 맑은 이곳에서
날마다 단단한 꿈을 꾸자
먼바다로 떠날 쇠뭉치 같은 꿈을.

---

*빠우: buff(버프)

꽃에게 바치는 기도

물속 오리발처럼
화분에서 뿌리를 움직였다
푸석한 흙을 헤집으며
허기질 땐 이파리를 떨어트려
제 살붙이를 줄였다
날마다 40도를 밑도는 여름
사무실 재스민이 꽃을 피웠다
에어컨으로 불볕을 막아 준 보은이다
자식을 재물로 삼은 아브라함의 꽃이다
재스민과 함께 보낸 나는
그분을 위해 무슨 꽃을 피울까
뿌리를 샘물로 뻗고서도
누렇게 뜬 낯꼴이다
근심을 군잎처럼 붙인 채
보라 꽃이 두 번 피도록
나는 하안거 중이다
뿌리가 움직여야 꽃이 핀다

꽃이 운다 꽃, 꽃, 꽃
꽃이여,
피어나지 못한 나의 꽃이여.

무적(霧笛)

깊은 산중 고시원
밤새 불 켜진 그녀의 창가로
작은 돌멩이 하나
매일 비밀처럼 던져준 친구
낮과 밤을 뒤바꾼 여정에서
툭, 고요를 깨트리는 소리
어둠 속 굳게 뭉친
질곡을 파문하며
그녀를 지켜준 기도가 되었다

잠들기 전, 성호경을 긋다가
밤새워 일한다는 그 아이 창가로
화살기도를 툭, 던졌다
울음을 막 끝낸 후의 미소처럼
낯꽃이 처연해도
세상 욕심을 내려놓고 사는 아이
낮과 밤을 뒤바꿔 숨쉬며

찬란한 아침노을을 꿈꾸지만
밤새 이슬을 맞아야 하는 박꽃

하루를 살아내는 일이
누군가에게는, 날갯짓으로
풍경을 울려야 하는 운명
스멀스멀 소멸해가는 일요일 밤
다가오는 월요일이 무거운
나의 창가로
너의 창가로
작은 돌멩이 하나
툭, 떨어지는 소리….

---

*무적(霧笛): 안개가 끼었을 때 선박이 충돌하는 따위를 막기 위하여 등대나 배에서 울리는 고동

다시 시작처럼
-가수 단야 노래 가사

땅거미가 밀려오면 하루 깃을 접고
숲속 같은 은행나무 푸른 보금자리
참새들도 지쳤는지 몸을 뒤척이네
해매 낀 듯 흔들리는 우리 티끌세상

마음 잃고 길을 잃어 어디로 가나
꿈을 잃고 풀기 없이 어디로 가나
다시 시작처럼 꿈을 일으켜요
윤슬 같은 당신 영혼 눈이 부시도록

웃음살은 간 데 없고 거친 바람소리
꿈마저도 앵돌아진 메마른 세상
마음 잃고 길을 잃어 어디로 가나
나를 잃고 풀기 없이 어디로 가나

다시 시작처럼 나를 일으켜요
하늘 닮은 내 몸엔 빛이 담겨 있어

푸르른 바다 힘찬 브리칭
그들처럼 우꾼하게

다시 시작처럼 꿈을 일으켜요
어둑새벽 일어나 여명을 보며
다시 시작처럼 나를 일으켜요
동살 퍼지는 아침 맑은 기운 받아
다시 시작처럼 나를 일으켜요
휘진 어깨를 펴고 다시 추슬러요, 나를.

내게 이러지 마요
-가수 단야 노래 가사

1.
이른 아침 어두운 창가
떠오르는 세상 끝에서
눈물짓는 붉은 소망은
흔들려도 끝낼 수 없던 꿈의 숙명

한시도 뗄 수 없는 또 다른 자아
당신이 있어 존재한
외로워도 꽃피울 날 바랐던 길
오늘도 무심한 눈빛 서글퍼

내게 이러지 마요
내게 이러지 마요
힘들어도 난 기댈 곳이 없잖아요
쌓여만 가는 허허로운 시간 생각도 없이
나를 휩쓸어만 가네요

내게 이러지 마요

머나먼 그대여
이제 그만 날 안아주면 안 될까요
무던히 애쓴 나날들
그대 너무 잘 아시죠
내게 이러지 말아요

2.
세상 끝이 손짓을 해도
지울수가 없던 이 길은
하얀 구름 밤하늘에서
반짝이며 살아 숨 쉬는 차가운 별

손 잡아 주실 날의 간절한 소망
머잖아 들어 올려줄
당신에게 날 맡긴 채 걸었던 길
오늘도 여전히 외면하네요

내게 이러지 마요

내게 이러지 마요
힘들어도 난 기댈 곳이 없잖아요
쌓여만 가는 허허로운 시간 생각도 없이
나를 휩쓸어만 가네요

내게 이러지 마요
머나먼 그대여
이제 그만 날 안아주면 좋겠어요
무던히 애쓴 나날들 그대 너무 잘 아시죠
내게 이러지 말아요

내게 이러지 마요
머나먼 그대여
이젠 그만 날 안아주면 좋겠어요
무던히 애쓴 나날들 그대 너무 잘 아시죠
내게 이러지 말아요
내게 이러시지 말아요

DATE.

DATE.

DATE.

DATE.

DATE.

DATE.

DATE.

DATE.

DATE.

DATE.

DATE.

DATE.

DATE.

DATE.

DATE.

DATE.

DATE.

DATE.

DATE.

DATE.

DATE.